Zebra 2

Lesen / Schreiben
Für die Ausleihe

Autorinnen:
Susanna Eckhoff
Sonja Liebner-Möller
Saskia Ruff

Beratung:
Dr. Christina Köpp
Andreas Körnich
Yvonne Zimmermann

Ernst Klett Verlag
Stuttgart • Leipzig • Dortmund

Inhalt

Schulabenteuer und ABC-Reisen

Wörter und Sätze schreiben

→ LE S. 4–7

○ **1** Lies das Buchstaben-Gedicht.

Pinsel
Affe
Ufo
Salat
Esel

◒ **2** Schreibe ein eigenes Buchstaben-Gedicht zum Wort **Klasse**.

R: S. 4 Nr. 2
Kreide
Lama
Affe
...

○ **3** Ordne die Wörter nach ihren Anfangsbuchstaben: Mm, Kk, Ee. Schreibe auf und färbe wie im Beispiel.

R: S. 4 Nr. 3
Mm: Mona, malt, ...
Kk: ...

Mona komische Kekse Monster eklige malt elf
Kolja Erdnüsse mutige erfindet kennt Elif
matschige Elefanten knabbert Mäuse Könige

◒ **4** Schreibe einen lustigen Satz. Alle Wörter sollen mit dem gleichen Buchstaben beginnen.

R: S. 4 Nr. 4
Mona malt ...

→ LE S. 8–11
→ WB S. 46

Sätze lesen und verstehen

So kannst du Sätze lesen und verstehen:
- Lies jeden Satz genau.
- Überlege, was der Satz bedeutet.
- Stelle Fragen zum Text. So kannst du prüfen, ob du den Text verstanden hast.

○ **1** Lies den Text.

Paula ist in der zweiten Klasse.
Sie kann schon gut lesen.
Früher purzelten die Buchstaben durcheinander.
Dann hat sie den Text oft nicht verstanden.

Aus Hose wurde dann Hase.
Paulas Freundin Elif hat viel mit ihr gelesen.
Nun kann Paula auch ein langes Wort wie Schokolade lesen.

◒ **2** Beantworte die Fragen. Schreibe in dein Heft.

R: S. 5 Nr. 2
Paula ist ...

In welcher Klasse ist Paula?

Was kann Paula schon gut?

Wer hat mit Paula viel gelesen?

Welches lange Wort kann Paula jetzt lesen?

→ LE
S. 12/13

Ein Rätsel lösen

○ **1** Lies. Mache nach jedem Wort eine Pause.

L E H R E R I N S C H Ü L E R S C H U L L E I T E R I N

S E K R E T Ä R I N H A U S M E I S T E R P U T Z F R A U

◒ **2** Wer macht was? Sprecht darüber.

Er repariert kaputte Dinge.

Sie leitet die Schule.

Er sitzt im Klassenzimmer.

Sie telefoniert oft in ihrem Büro.

Sie bringt dir viel bei.

Sie putzt die Schule.

◒ **3** Was machst du in der Schule? Male und schreibe.

→ LE S. 14/15

Eine passende Überschrift finden

1 Welche Überschrift passt zu Leons Text? Schreibe in dein Heft.

Ein Schultag	Leckere Schule	Das Haus

Meine Traumschule hat Wände aus Schokolade.
Die Fenster sind aus Esspapier.
Stühle und Tische sind aus Bonbons.
In den Pausen dürfen wir naschen.

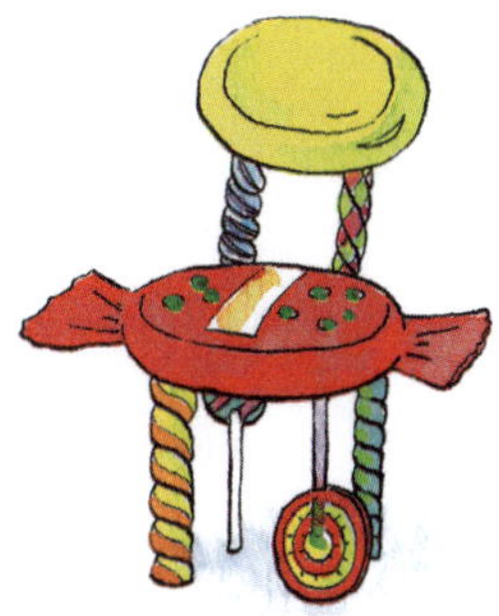

Leon, 7 Jahre

2 Schreibe eine passende Überschrift zu Pinars Text.

Denke dir eine Überschrift aus.

Meine Traumschule ist eine Monsterschule.
Unsere Lehrer sind liebe Monster.
In der Pause toben sie mit uns.
Mittags essen wir Monsterkuchen.

Pinar, 7 Jahre

3 Vergleiche mit einem Partner.

→ LE S. 16, 17

Über eine Traumschule schreiben

1 Wie ist deine Traumschule? Erzähle.

Meine Traumschule ist im Wald.

Wo ist deine Traumschule?

Wie sieht deine Traumschule aus?

Was kannst du in der Pause spielen?

Was ist besonders in deiner Traumschule?

2 Male und schreibe zu deiner Traumschule.

R: S. 8 Nr. 2, 3

Meine Baumhausschule

Meine Traumschule ist ...

3 Schreibe eine Überschrift zu deiner Geschichte.

→ LE S. 18, 19
→ WB S. 47

Fragen zu einem Text beantworten

So kannst du Fragen zu einem Text beantworten:
- Lies den Text.
- Lies die Fragen und suche die Antworten im Text.
- Schreibe die Antworten auf.

○ **1** Lies den Text.

In der Klasse sitzt Lisa neben Kolja.
Im Stuhlkreis setzt sich Lisa
lieber neben ein anderes Kind.
Kolja ruft oft dazwischen,
wenn andere Kinder reden.
Lisa stört es auch,
wenn manche Kinder
im Kreis flüstern.
Lisa braucht besonders viel Ruhe,
damit sie gut zuhören kann.

◒ **2** Lies die Fragen. Schreibe die Antworten auf.

R: S. 9 Nr. 2
Neben Lisa ...

Wer sitzt neben Lisa?

Was macht Kolja im Stuhlkreis?

Was stört Lisa?

Warum braucht Lisa viel Ruhe?

→ LE S. 20/21

Genau lesen

1 Lies genau. Vergleiche mit dem Bild.

Es ist Pause.
Die Sonne scheint.
David und Selina spielen mit einem roten Ball.
Selina hat eine lila Hose an.
Ihr Pullover ist gelb.
David trägt eine blaue Hose.
Sein Pullover ist grün.
Auf dem Kopf hat David eine schwarze Kappe.
Das Schulhaus ist gelb.

2 Finde die 3 Fehler im Text. Schreibe richtig auf.
Schreibe ganze Sätze.

R: S. 10 Nr. 2
David und Selina ...

3 Was machst du in der Pause? Schreibe.

R: S. 10 Nr. 3
In der Pause ...

→ LE
S. 22–25

Sätze schreiben

1 Was passt zusammen? Schreibe passend auf.

R: S. 11 Nr. 1
Die Lehrerin fährt ...

 Die Lehrerin fährt

 Viele Kinder kommen

 Ali und Paul gehen

 Opa begleitet Jonas

 Jasmin geht

bis zur Ampel.

an der Kirche vorbei.

mit ihren Fahrrädern.

mit ihrem Auto.

über eine Brücke.

2 Schreibe über deinen Schulweg.

R: S. 11 Nr. 2
Ich gehe ...

Schreibe ganze Sätze.

Wie kommst du zur Schule?

Wer geht mit dir?

Was siehst du auf deinem Weg?

3 Gibt es auf deinem Schulweg etwas Besonderes? Schreibe.

R: S. 11 Nr. 3
Auf meinem Schulweg ...

Das kann ich schon

1 Lies den Text und beantworte die Fragen.
Schreibe in dein Heft.

R: S. 12 Nr. 1
Ismat ...

Ismat ist neu in der Klasse.
Er spricht nicht sehr viel.
Oft macht er ein trauriges Gesicht.
Aber beim Sport lacht er immer.
Er kann schneller laufen als alle anderen.
Das muss sogar der schnelle Oskar zugeben.

Wer ist neu in der Klasse?

Was für ein Gesicht macht Ismat oft?

Wann lacht Ismat?

Was kann Ismat besser als alle anderen?

2 Schreibe eine passende Überschrift zu dem Text in dein Heft.

Otto macht mit seiner Klasse einen Ausflug in den Zoo.
Er freut sich besonders auf den kleinen Elefanten.
Der Elefant ist erst drei Monate alt und heißt auch Otto.
Wenn er seine Mutter nicht sieht, trompetet er ganz laut.
Das finden alle Kinder lustig.

Herzklopfen und Magenknurren

Reimwörter in Gedichten erkennen

→ LE S. 36–39

○ **1** Lies das Gedicht. Schreibe die Reimwörter mit unterschiedlichen Farben auf.

R: S. 13 Nr. 1
backen – knacken,
fahren – ...

Was mir gefällt

Mit Vater Kuchen backen,
mit Mutter Rätsel knacken,
auf dem Karussell fahren,
ein Geheimnis bewahren,
Muscheln und Steine zählen,
die Farben wählen,
beim Spiel verweilen,
Kummer und Freude teilen,
Unsinn treiben
und Geschichten schreiben.

Max Bolliger

◒ **2** Lies und ergänze die passenden Reimwörter.

hin	Kiste	Kinn

Ein Elefant

Ein Elefant mit Namen Triste
hockt ganz traurig in der ___.
Kitzel ich ihn leicht am ___,
lacht er fröhlich vor sich ___.

→ LE S. 37, 38

Ein Gedicht umschreiben

○ **1** Lies beide Gedichte genau und vergleiche. Schreibe aus dem rechten Gedicht die ausgetauschten Wörter in der passenden Farbe auf.

Versuch

Ein Vogelkind,
das hüpft im Wind.
Mami, Mami, komm mal her!
Sag mir, ist das Fliegen schwer?
Bitte, zeig mir wie man's macht!
Wehe, wenn hier einer lacht!

Jürgen Spohn

Versuch

Ein Tigerkind,
das läuft im Wind.
Oma, Oma, komm mal her!
Sag mir, ist das Jagen schwer?
Bitte, zeig mir wie man's macht!
Wehe, wenn hier einer lacht!

Moritz, 7 Jahre

◒ **2** Wähle Wörter aus und schreibe das Gedicht um.

R: S. 14 Nr. 2
Versuch
Ein Affenkind
...

Versuch

Ein ___
das ___ im Wind.
___ komm mal her!
Sag mir, ist das ___ schwer?
Bitte, zeig mir wie man's macht!
Wehe, wenn hier einer lacht!

Affenkind
Katzenkind

springt
sitzt

Papa, Papa
Opa, Opa

Klettern
Schleichen

◒ **3** Schreibe das Gedicht mit eigenen Wörtern um.

R: S. 14 Nr. 3
Versuch
Ein ...

→ LE S.40/41

Einen eigenen Schluss schreiben

1 Sieh dir die Bilder an. Lies die Geschichte.

Jonas baut eine Rakete.
Die Rakete ist blau
und hat eine rote Spitze.

Die Rakete ist fertig.
Jonas freut sich.
Er stellt die Rakete auf.

Plötzlich fällt die Rakete um.
Die Spitze bricht ab.
Jonas ist wütend.

2 Male und schreibe einen eigenen Schluss zu der Geschichte.

R: S. 15 Nr. 2
Da kommt Tino.
Er nimmt ...

3 Schreibe eine Überschrift zur Geschichte.

→ LE S. 48, 60/61
→ WB S. 48

Ein Gedicht auswendig lernen

So kannst du ein Gedicht auswendig lernen:
- Lies das Gedicht mehrmals.
- Teile es in Abschnitte ein. Lies jeden Abschnitt mehrmals.
- Sprich jeden Abschnitt auswendig.
- Sprich dann das ganze Gedicht auswendig.

○ **1** Lies das Gedicht.

Du kannst Reimwörter markieren, zum Gedicht malen oder passende Bewegungen machen.

Gefühle sind wie Farben

Wenn dich etwas traurig macht,
ist alles schwarz wie dunkle Nacht.

Wenn du zornig bist und voller Wut,
ist alles rot wie heiße Glut*.

Wenn du dich gut fühlst und geborgen,
ist alles blau wie ein Sommermorgen.

Wenn du froh bist und kannst glücklich sein,
ist alles gelb wie Sonnenschein.

○ **2** Schreibe das Gedicht ab.

R: S. 16 Nr. 2
Gefühle sind wie Farben
Wenn dich ...

◒ **3** Suche Wörter im Gedicht, die du gut malen kannst. Male.

◒ **4** Lerne das Gedicht auswendig.

◒ **5** Erfindet eigene Strophen.

*Glut: etwas brennt ohne Flammen

→ LE S. 48
→ WB S. 49

Ein Gedicht vortragen

Trage ein Gedicht so vor, dass andere dir gerne zuhören.
- Lies das Gedicht mehrmals.
- Übe schwierige Stellen.
- Verändere deine Stimme: laut, leise, fröhlich, ängstlich, ...

1 Wie fühlt sich der Junge in dem Gedicht?
Sprecht darüber.

Das gehört zu mir

Ich lächle schon den ganzen Tag,
weil ich dich einfach gerne mag.
Ich fühl mich wie ein schönes Tier.
Das gehört zu mir.

Ich stampfe mit den Füßen.
„Dafür sollst du büßen*!“
Ich fühl mich wie ein wildes Tier.
Das gehört zu mir.

Ich weine und mein Herz ist schwer.
„Sind wir keine Freunde mehr?“
Ich fühl mich wie ein schwaches Tier.
Das gehört zu mir.

2 Lies das Gedicht mehrmals laut.
Sprich mit fröhlicher, wütender und trauriger Stimme.

3 Trage das Gedicht vor.

4 Tragt das Gedicht in der Gruppe vor.
Jeder spricht eine Strophe.

5 Suche ein anderes Gedicht.
Trage es vor.

büßen: eine Strafe bekommen

→ LE S. 49

Wörter für eine Bildergeschichte sammeln

○ **1** Sieh dir die Bilder an. Was geschieht? Erzähle.

◒ **2** Welche Wörter passen nicht zu den Bildern? Schreibe sie auf.

kleiner Junge
Zaun
zu hoch
Haustür
Krokodil

Zaun
Mädchen
Kiste
Schokolade
schmatzen

sieht
Maus
Igel
auslachen
Leiter

◒ **3** Schreibe die passenden Wörter zu den Bildern ab und ergänze weitere.

◒ **4** Gib dem Jungen einen Namen.

→ LE S. 49
→ WB S. 50/51

Eine Bildergeschichte schreiben

So kannst du eine Bildergeschichte schreiben:
- Sieh dir die Bilder genau an.
- Überlege: Wer kommt vor? Was passiert?
- Schreibe zu jedem Bild.

1 Schreibe eine Geschichte zu den Bildern.
Schreibe ganze Sätze.

2 Schreibe eine Überschrift zu deiner Geschichte auf.

3 Lest eure Geschichten vor. Sprecht darüber.

→ LE S. 52, 53

Notizzettel schreiben

◒ **1** Wer bringt was mit?
Lies die Notizzettel. Schreibe sie ab und ergänze.

R: S. 20 Nr. 1
Anna
– Zwiebeln
– ...

Kochtag in der Klasse 2c

Name	für die Gemüsesuppe	für den Obstsalat
Anna	Zwiebeln	Äpfel
Florian	Bohnen	Bananen
Enes	Kartoffeln	Ananas
Edna	Kohlrabi	Pflaumen

Anna
– Zwiebeln
– ...

Florian
– ...
– ...

Enes
– ...
– ...

Edna
– ...
– ...

◒ **2** Was würdest du für einen Obstsalat mitbringen?
Schreibe auf.

● **3** Was brauchst du, um einen Obstsalat zu machen?
Schreibe auf.

Messer | Teekanne | Schere | Schneidebrett | Löffel | Pfanne

Das kann ich schon

○ **1** Schreibe die Reimwörter mit unterschiedlichen Farben auf.

Jederzeit

Komm mich mal besuchen.
Ich back dir einen Kuchen.
Ich zeig dir meinen Leberfleck
und puste deine Sorgen weg.
So, wie du bist, lass ich dich sein,
und klopfst du an, lass ich dich ein.

Jürgen Spohn

◒ **2** Wer bringt was mit? Lies die Notizzettel. Schreibe sie ab und ergänze.

Frühstück in der Klasse 2a

Name	für das Frühstück	
Akiko	Quark	5 Bananen
Mia	1 Brot	1 Marmelade
Emil	1 Gurke	2 Flaschen Saft
Kamil	8 Tomaten	1 Käse

Akiko
– ...
– ...

Mia
– ...
– ...

Emil
– ...
– ...

Kamil
– ...
– ...

Miteinander und Durcheinander

→ LE S. 64, 65

Fragen zu einem Stammbaum beantworten

1 Sieh dir Klaras Stammbaum an.

2 Beantworte die Fragen. Schreibe in dein Heft.

R: S. 22 Nr. 2
Klaras Eltern heißen ...

Wie heißen Klaras Eltern?

Wie heißt Klaras Tante?

Wer sind die Eltern von Tante Eva?

Wie heißen Klaras Omas?

Wie heißt der Bruder von Mama Svenja?

→ LE
S. 66/67

Eine Geschichte ordnen

1 Die Geschichte ist durcheinandergeraten.
Schreibe die richtige Reihenfolge auf.

R: S. 23 Nr. 1
Fa...

li

Doch Jakob hat überhaupt keine Lust aufzuräumen.
Aber er geht in sein Zimmer
und räumt endlich auf.
Mama staunt:
„So toll sah dein Zimmer noch nie aus!“

Fa

Besuch von Tante Sofie

en

Es klingelt. Da ist Tante Sofie.
Sie spielt mit Jakob in seinem Zimmer.
Am Abend fährt Tante Sofie nach Hause.

mi

Heute will Tante Sofie zu Besuch kommen.
Deshalb soll Jakob
sein Zimmer aufräumen.

such

Jakob lacht und sagt:
„Ja, Tante Sofie macht immer
so ein Durcheinander!“

be

Um acht Uhr geht Jakob ins Bett.
Mama kommt noch einmal
in sein Zimmer.
Sie bekommt einen Schreck.
„Wie sieht es denn hier aus?
So eine Unordnung!“

→ LE S. 69
→ WB S. 52

Einen Brief schreiben

In einem Brief kannst du etwas erzählen oder den anderen etwas fragen. Daran musst du denken:

- Schreibe das **Datum** auf: 8.4.2018
- Beginne mit der **Anrede**: Liebe/Lieber ..., Hallo ...,
- Schreibe am Ende einen **Gruß**: Viele Grüße, Liebe Grüße
- Unterschreibe mit deinem **Namen**: deine/dein ...

1 Schreibe Luisas Brief ab. Markiere dann:
Datum, Anrede, Gruß und Namen.

14.9.2018

Liebe Oma,

heute war ich mit Papa im Schwimmbad.

Ich habe mich getraut und bin vom 1-Meter-Brett gesprungen.

Kannst du eigentlich schwimmen?

Viele liebe Grüße

deine Luisa

2 Schreibe einen Brief an einen Freund oder eine Freundin.

3 Luisa hat ihrer Oma geschrieben.
Zeige auf Absender, Adresse und Briefmarke.
Absender: Von wem ist der Brief?
Adresse: An wen ist der Brief?

4 Kennst du deine Adresse? Schreibe sie auf.

→ LE S. 76
→ WB S. 53

Eine Person beschreiben

Wenn du eine Person, ein Lebewesen oder einen Gegenstand beschreibst, muss sich der Hörer oder Leser dies gut vorstellen können.
So beschreibst du eine Person:
- Aussehen, Größe: Wie sieht die Person aus?
- Kleidung: Was hat die Person an?
- Besonderheiten: Was weißt du noch über die Person?

Elena

Adrian

1 Sieh dir die Bilder genau an. Lies die Beschreibungen.
Schreibe die Sätze ab und ergänze.

Elena hat kurze, ___ Haare.

Sie trägt eine lange, grüne ___.

Ihre Bluse ist ___.

Sie kann gut Eislaufen.

Adrian hat eine ___ Brille und ___ Locken.

Er trägt eine ___ Hose.

Sein Pullover ist ___.

Adrian spielt Gitarre.

2 Beschreibe einen Freund oder eine Freundin.

R: S. 25 Nr. 2
Mein Freund ... hat ...

Genau lesen

→ LE S. 76, 77

○ **1** In jeder Reihe ist ein Wort doppelt.
Schreibe das Wort auf.

R: S. 26 Nr. 1
F ...

Freundin Freund Familie Freundin Feier

Wippe Schaukel Rutsche Sandkasten Wippe

spielen klettern rennen lachen teilen rennen

○ **2** In jedem Satz ist ein Wort, das nicht passt.
Schreibe die Sätze richtig auf.

R: S. 26 Nr. 2
Timo und Raffael ...

Timo und Raffael spielen oft ohne zusammen.

Lisa ist sind auch immer dabei.

Timo ist stolz wichtig auf seinen Hund.

Mit dem Hund spielen alle Kinder gelb gerne.

○ **3** In jedem Satz ist ein Wort, das nicht passt.
Schreibe die Sätze richtig auf.

R: S. 26 Nr. 3
Daria trifft sich ...

Daria trifft sich heute mit Isa Freude.

Sie rufen gehen auf den Spielplatz.

Zuerst rennen sie zur Wippe elf.

Danach unten will Daria klettern.

Isa will aber erst schaukeln niemals.

Leider ist noch keine Schaukel frei dumm.

Deshalb klettert Isa mit im Daria.

→ LE S. 78/79, 90/91
→ WB S. 54/55

Vermutungen zu einem Text anstellen

Überschriften und Bilder verraten dir oft schon etwas über den Inhalt eines Textes.

- Lies die Überschrift und sieh dir die Bilder an.
- Vermute, worum es in dem Text geht.
- Lies den Text.
- Prüfe danach: Waren deine Vermutungen richtig?

1 Lies die Überschrift und sieh dir das Bild an.
Worum geht es in der Geschichte? Vermute.

R: S. 27 Nr. 1
Ich vermute ...

2 Lies nun die Geschichte.

Lolas besonderer Geburtstag

Lola hat heute Geburtstag.
Sie hat Leon und Sina eingeladen.
Beide haben sich darüber gefreut.
Aber in der Schule haben sie so komisch miteinander geflüstert.
Jetzt ist es schon 15 Uhr.
Leon und Sina sind noch nicht da.
Lola ist traurig.
Mama tröstet sie:
„Vielleicht müssen sie das Geschenk noch einpacken.“
Papa meint: „Bei manchen Geschenken ist das schwierig!“
Es klingelt. Das sind Leon und Sina.
Sie tragen einen Katzenkorb.
Leon sagt: „Herzlichen Glückwunsch. Das ist für dich.“
Lola nimmt das Kätzchen heraus.
Sie lacht: „So ein toller Geburtstag!“

→ LE S. 82, 83
→ WB S. 56

Einladungen lesen

In einer Einladung müssen die Angaben zu diesen Fragen stehen:
- **Wen** willst du einladen? (Anrede)
- **Wozu** willst du einladen?
- **Wann** findet das Ereignis statt? (Datum und Uhrzeit)
- **Wo** findet es statt? (Ort)
- **Wer** lädt ein? Unterschreibe mit deinem Namen.

1 Lies die Einladung.

Lieber Boran,
ich lade dich zu meinem Geburtstag ein.
Wir feiern am 4. Mai ab 15 Uhr.
Kannst du kommen?
Ich wohne in der Sommerstraße 25.
Liebe Grüße
dein Jonathan

2 Lies die Fragen. Schreibe die Antworten auf.

R: S. 28 Nr. 2
Jonathan will …

Wen will Jonathan einladen?

Wozu will Jonathan einladen?

Wann ist die Feier?

Wo findet die Geburtstagsfeier statt?

→ LE
S. 82, 83

Eine Einladung schreiben

1 Lies und ergänze die Einladung.

Luisa hat am 14. März Geburtstag.

Sie möchte Jasmin einladen.

Luisa wohnt im Sonnenweg 4.

Das Fest beginnt um 15 Uhr.

Einladung

Liebe ___,

ich lade dich herzlich zu meinem ___ ein.

Bitte komm am ___

in den ___.

Das Fest beginnt um ___.

Viele Grüße

deine ___

2 Schreibe eine Einladung zu deinem Geburtstag.

R: S. 29 Nr. 2
Lieber ...

Überlege:

Wen willst du einladen?

Wann findet die Feier statt? (Datum und Uhrzeit)

Wo findet die Feier statt?

Denke auch an deine Unterschrift.

→ LE S. 84, 85

Informationen in eine Tabelle schreiben

○ **1** Lies den Text.

Kinder aus aller Welt

Im Hort sind Kinder aus vielen Ländern.
Heute stellen die Kinder ihr Lieblingsessen vor.

Die Familie von Liban kommt aus Ghana.
Er hat mit seinem Papa eine Suppe
mit Erdnüssen und Tomaten gekocht.

Buket kommt aus der Türkei.
Sie hat mit ihrer Mutter Köfte gebraten.
Das sind kleine Fleischbällchen.

Alex ist aus Russland.
Er hat mit seinem Opa Piroggen gebacken.
Das sind Teigtaschen. Sie sind mit Gemüse gefüllt.

◒ **2** Schreibe Namen, Länder, Speisen auf.

R: S. 30 Nr. 2
Liban, Ghana, ...

◒ **3** Lege eine Tabelle an.
Schreibe die Namen, Länder und Speisen in die Tabelle.

R: S. 30 Nr. 3

Name	Land	Speise
Liban	...	...
...	...	...
...	...	...

○ **4** Was ist euer Lieblingsessen? Sprecht darüber.

Das kann ich schon

○ **1** In jedem Satz ist ein Wort, das nicht passt.
Schreibe die Sätze richtig auf.

R: S. 31 Nr. 1
Omar spielt …

Omar spielt mit den anderen Kindern Knall.

Heute probieren sie ein neues Spiel Haus aus.

Omar hat erzählt die Regeln nicht verstanden.

Luan erklärt sie ihm noch im einmal.

Karl würfelt zum und beginnt.

Omar gewinnt die drei erste Runde.

Er lacht angelt und freut sich.

◒ **2** Lies und ergänze die Einladung.

Tom hat am 4. April Geburtstag.
Er möchte Kemal einladen.
Tom wohnt in der Waldstraße 35.
Das Fest beginnt um 16 Uhr.

Einladung

Lieber …,

ich lade dich herzlich zu meinem … ein.

Bitte komm am …

in die … .

Das Fest beginnt um … .

Viele Grüße

dein …

Wiesenzwerge und Baumriesen

→ LE
S. 100/101

Passende Wörter sammeln

1 Welches Wort passt? Schreibe ab und ergänze.

R: S. 32 Nr. 1
Die Maus ...

Die Maus ░░ in ihr Mauseloch.

springt | schleicht | flitzt

Die Ziege ist sauer und ░░.

ruft | meckert | singt

Der Frosch sieht den Storch und ░░ ins Wasser.

kriecht | schleicht | hüpft

2 Ordne die Wörter auf den Wortkärtchen den Wörtern **sagen** und **gehen** zu. Schreibe sie auf. Ergänze eigene Wörter.

R: S. 32 Nr. 2
sagen: rufen, ...
gehen: schleichen, ...

 **sagen**  **gehen**

schleichen	rufen	kriechen	heulen
laufen	quaken	meckern	flitzen
singen	springen	flüstern	hüpfen

→ LE S. 100/101

Passende Wörter verwenden

1 Suche passende Wörter. Schreibe.

R: S. 33 Nr. 1
Der Maulwurf ...

Verwende passende Wörter.

Passende Wörter machen deinen Text interessanter und genauer.

Der Maulwurf ▒ durch seinen Tunnel.

Der Frosch ▒ laut im Teich.

Die Wörter von Aufgabe 2 auf Seite 32 helfen dir.

2 Schreibe zu den Bildern.
Verwende passende Wörter.

R: S. 33 Nr. 2
Der Schmetterling ...

Schmetterling	flattert	Blume	Uhu	heult	Nacht

3 Denke dir eigene Sätze mit passenden Wörtern aus.

Die Biene ...   Der Hase ...   Das Pferd ...

→ LE S. 104/105
→ WB S. 57

Mit Schlüsselwörtern einen Text verstehen

Schlüsselwörter sind besonders wichtige Wörter in einem Text.
So helfen dir Schlüsselwörter:
- Du kannst einen Text besser verstehen.
- Du kannst dir wichtige Informationen besser merken.

○ **1** Lies den Text.

Die Honigbiene

Die Biene, die den Honig liefert,
nennt man Honigbiene.
Honigbienen suchen Nektar in den Blüten.
Aus dem Nektar machen sie Honig.
Sie fliegen jeden Tag in viele Blüten.
Dabei tragen sie den Blütenstaub von Blüte zu Blüte.
So bestäuben sie die Blüten.
Später wachsen aus diesen Blüten die Früchte.
Deshalb sind Bienen wichtig für Obstbäume.

◒ **2** Suche die passenden Schlüsselwörter im Text.
Beantworte die Fragen. Schreibe in dein Heft.

R: S. 34 Nr. 2
Die Biene, die den Honig ...

Wie heißt die Biene, die den Honig liefert?

Was suchen Honigbienen in den Blüten?

Was machen die Bienen aus dem Nektar?

Was trägt die Biene von Blüte zu Blüte?

Was wächst aus der bestäubten Blüte?

Für welche Pflanzen sind Bienen wichtig?

→ LE S. 104/105, 120/121

Schlüsselwörter im Text suchen

○ **1** Lies den Text.

Die Hummel

Die Hummel gehört zu den Wildbienen.
Wissenschaftler nennen sie Bombus.
Die Hummel ist gelbschwarz gestreift.
Sie hat einen rundlichen Körper und sechs Beine.
Ihr dichter Pelz schützt sie vor Kälte.
Hummeln haben durchsichtige Flügel.
Sie haben auch einen Stachel.
Den benutzen sie aber nur bei Gefahr.
Im Frühling sieht man nur große Hummeln.
Das sind die Königinnen.

◒ **2** Lies den Text noch einmal.
Schreibe die Schlüsselwörter auf.

R: S. 35 Nr. 2
– Hummel
– ...

◒ **3** Decke den Text ab.
Erzähle mithilfe der Schlüsselwörter, was du über die Hummel weißt.

→ LE
S. 108/109,
114/115

→ WB
S. 58/59

Einen Tier-Steckbrief schreiben

In einem Steckbrief kannst du wichtige Informationen
über einen Menschen, ein Tier, eine Pflanze
oder einen Gegenstand sammeln.
Ein Steckbrief ist kurz und geordnet.

1 Lies den Text.

Das Wildkaninchen

Das Wildkaninchen ist ungefähr 40 cm lang.
Sein Fell ist meist graubraun.
Es ernährt sich von Gräsern, Blättern und Knospen.
Die Feinde des Wildkaninchens sind Marder, Füchse oder Eulen.

2 Schreibe den Text ab.
Markiere die Informationen in den passenden Farben.

Name | Größe | Aussehen | Nahrung | Feinde

3 Schreibe einen Steckbrief zum Wildkaninchen.

→ LE S. 112

Einen Baum-Steckbrief schreiben

○ **1** Lies den Text.

Der Kirschbaum

Der Kirschbaum ist ein Obstbaum.
Er kann bis zu 20 Meter hoch werden.
Manche Bäume werden bis zu 100 Jahre alt.
Die Früchte heißen Kirschen.
Die Blätter des Kirschbaumes sind eiförmig.
Der Blattrand ist gezackt.
Die Kirschblüte beginnt Ende April
und dauert bis Mai.

◒ **2** Schreibe den Text ab.
Markiere die Schlüsselwörter.

◒ **3** Schreibe einen Steckbrief zum Kirschbaum.

R: S. 37 Nr. 3

Baum-Steckbrief

Name: __________
Baumart: __________
Größe: __________
Alter: __________
Früchte: __________
Blätter: __________
Blütezeit: __________

◒ **4** Schreibe einen Steckbrief
zu einem anderen Baum.

R: S. 37 Nr. 4
Baum-Steckbrief

→ LE S. 113

Texte entflechten

1 Hier sind zwei Texte durcheinandergeraten.
Lies die Sätze.

K Im Mai blühen die Apfelbäume.

N Die Tannen sind das ganze Jahr über grün.

U Bienen besuchen die Apfelblüten.

A Sie haben Tannennadeln.

C Aus den Apfelblüten entwickeln sich Äpfel.

D In den Tannenzapfen reifen die Samen.

H Im Herbst können die Äpfel geerntet werden.

E Die Samen fallen aus den Zapfen auf den Boden.

L Einige Waldtiere ernähren sich von den Samen.

E Aus Äpfeln kann man Saft oder Apfelmus machen.

N Auch Apfelkuchen schmeckt lecker.

N Manche Tannen werden als Weihnachtsbäume verkauft.

2 Wähle den Apfelbaum oder die Tanne aus.
Schreibe den Text auf.
Lass über deinem Text eine Zeile frei.

R: S. 38 Nr. 2
Die Tannen sind das
ganze Jahr über grün.

3 Schreibe eine Überschrift zu deinem Text
in die frei gelassene Zeile.

→ LE
S. 114/115

Einen eigenen Schluss schreiben

1 Sieh dir die Bilder an. Lies die Geschichte.

Heute will Willi Wichtel
seine Freunde besuchen.
Sie wohnen in einem Baum
im Zauberwald.

Käfer Kalle wartet schon
auf Willi Wichtel.
Er wohnt ganz unten im Baum.

Zusammen gehen sie zu Elfe Ella.
Sie wohnt über Käfer Kalle im Baum.
Elfe Ella hat heute Geburtstag
und wartet schon auf ihre Gäste.

2 Male und schreibe einen eigenen
Schluss zu der Geschichte.

R: S. 39 Nr. 2
Endlich sind alle Gäste da. ...

3 Schreibe eine Überschrift zu der Geschichte auf.

→ LE S. 116/117

Mit Wörtern spielen

○ **1** Lies die Wortbilder.

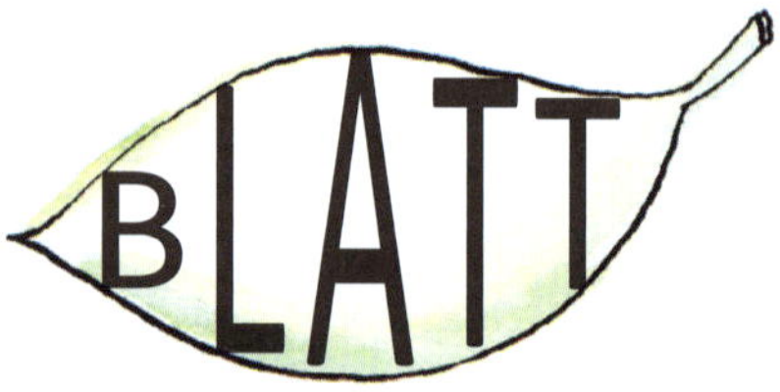

◒ **2** Gestalte ein eigenes Wortbild.

Tanne | Gras

◒ **3** In jedem Wort hat sich ein Tier versteckt. Schreibe es auf.

Tanzmaus	Schmutzfink	Klammeraffe
Knallfrosch	Leseratte	Schmusekatze
Sparschwein	Schlaufuchs	Bücherwurm

Instrumente	Eigelb	Segelflieger
Kupferdraht	Jahrhundert	Leselaune

Das kann ich schon

1 Lies den Text. Schreibe die Schlüsselwörter auf.

R: S. 41 Nr. 1
– Zitronenfalter
– ...

Der Zitronenfalter

Der Zitronenfalter ist ein Schmetterling.
Die Männchen sind gelb wie eine Zitrone.
Die Weibchen sind blassgrün.
Auf den großen Flügeln haben sie
einen orangen Fleck.
Im Winter schlafen Zitronenfalter
unter Blättern oder in einer Baumspalte.

2 Lies den Text. Schreibe den Tier-Steckbrief.

Die Spitzmaus

Die Spitzmaus hat ein rotbraunes Fell.
Am Bauch ist sie grauweiß.
Sie ernährt sich von Insekten,
Würmern und Schnecken.
Zu den Feinden der Spitzmaus gehören
der Fuchs, die Katze und die Eule.
Die Spitzmaus wird 12 bis 18 Monate alt.

R: S. 41 Nr. 2

Tier-Steckbrief

Name: ______
Aussehen: ______
Nahrung: ______
Feinde: ______
Alter: ______

Traumfänger und Erfinderglück

→ LE S. 124–129

Einen Comic schreiben

○ **1** Sieh dir die Bilder genau an.

Ein Traumflug

◒ **2** Was sagt der Junge? Was sagt der Papagei? Schreibe auf.

R: S. 42 Nr. 2
Junge: …

◒ **3** Vergleiche mit einem Partner.

→ LE
S. 124–129

Ein Traumtier malen und dazu schreiben

1 Schreibe zum Bild.

R: S. 43 Nr. 1
Das Tier ...

Greta hat von einem seltsamen Tier geträumt.

2 Male ein eigenes Traumtier. Schreibe dazu.

R: S. 43 Nr. 2

Mein Traumtier ...

3 Stelle dein Traumtier einem Partner vor.

→ LE S. 132–135
→ WB S. 60/61

Ein Märchen nacherzählen

Wenn du ein Märchen nacherzählst, kannst du so vorgehen:
- Lies das Märchen.
- Markiere die Schlüsselwörter und schreibe sie auf Karten.
- Erzähle das Märchen mit Hilfe der Karten.

1 Lies das Märchen.

Der süße Brei

Es war einmal ein armes Mädchen.
Es lebte bei seiner Mutter.

Eines Tages schenkte eine alte Frau
dem Mädchen einen Zaubertopf.

Wenn das Mädchen sagte: „Töpfchen koch!“,
kochte das Töpfchen süßen Brei.
Wenn es sagte: „Töpfchen steh!“,
hörte es wieder auf.

Einmal war die Mutter allein.
Sie sagte: „Töpfchen koch!“
Die Mutter aß sich satt.

Aber sie hatte den Befehl vergessen,
damit das Töpfchen aufhört.
Der Brei kochte über den Rand und kochte
die Küche und das ganze Haus voll.

Endlich kam das Mädchen wieder.
Es sagte: „Töpfchen steh!“
Alle, die in das Haus oder heraus wollten,
mussten sich durch den Brei essen.

nach den Brüdern Grimm

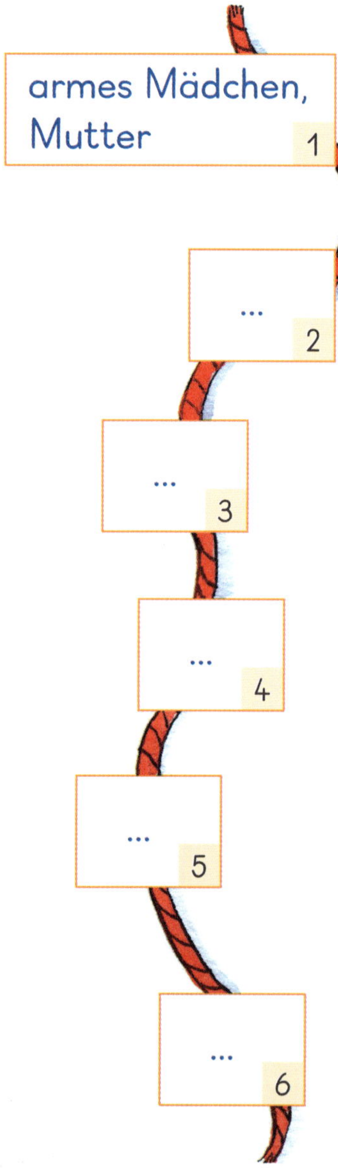

2 Schreibe die Schlüsselwörter auf Karten.

3 Erzähle das Märchen mit Hilfe der Karten nach.

→ LE S. 134–137
→ WB S. 62

Mit verteilten Rollen lesen

Wenn ihr mit verteilten Rollen lesen wollt, überlegt vorher:
- Wer spricht welche Rolle?
- Wie wollt ihr die Texte sprechen?

Lies mit. Dann weißt du, wann du an der Reihe bist.

○ **1** Lies das Märchen.

Die Prinzessin auf der Erbse

Erzähler: Es war einmal ein Prinz, der heiraten wollte.
Aber er fand keine echte Prinzessin.
Da klopfte es eines Abends an der Schlosstür.

Prinzessin: Guten Abend.
Lasst mich bitte über Nacht bleiben.
Es regnet in Strömen.

Königin: Wer bist du denn?

Prinzessin: Ich bin eine Prinzessin.

Erzähler: Die Königin und der Prinz glaubten
der Prinzessin nicht.
Sie wollten sie heimlich prüfen.

Königin: Wir legen ihr eine Erbse ins Bett.
Darauf legen wir viele Decken und Kissen.

Prinz: Dein Bett ist bereitet. Nun schlaf gut!

Erzähler: Am nächsten Morgen trat die Prinzessin
aus dem Zimmer.

Königin: Guten Morgen. Wie hast du geschlafen?

Prinzessin: Oh, ich habe kein Auge zugemacht.
In meinem Bett war etwas ganz Hartes.

Prinz: Du bist wirklich eine echte Prinzessin.
Willst du mich heiraten?

Prinzessin: Ja, ich will.

Erzähler: Dann feierten sie ein prächtiges Hochzeitsfest.

nach Hans Christian Andersen

◒ **2** Wer spricht welche Rolle? Wie wollt ihr die Texte sprechen?

○ **3** Lest das Märchen mit verteilten Rollen vor.

→ LE
S. 138/139

Ein Märchen ordnen

1 Die Geschichte ist durcheinandergeraten.
Schreibe die richtige Reihenfolge auf.

R: S. 46 Nr. 1
Za...

er

Im dritten Jahr sammelte der Junge Äpfel.
Da fand er einen Schlüssel.
Auf einem Zettel stand geschrieben:
„Suche die Tür, die du mit diesem Schlüssel
aufschließen kannst.
Dann wirst du dein Glück finden!“

Za

Der magische Schlüssel

ub

Es war einmal ein böser Zauberer.
Er hatte einen Jungen verzaubert.
Der Junge sollte für ihn arbeiten.

ss

Der Junge trat durch die Tür in einen riesigen Saal.
Ein König kam auf ihn zu und sprach:
„Erkennst du mich? Ich bin dein Vater.
Endlich ist der böse Zauberer besiegt!“

sch

In der Nacht schlich sich der Junge fort.
Er lief in den Wald hinein.
Da wurde er sehr müde.
Er legte sich unter einen Baum und schlief ein.

el

Glücklich erkannte der Junge seinen Vater.
Und wenn sie nicht gestorben sind,
so leben sie noch heute.

lü

Am Morgen erwachte er.
Am Baumstamm sah er eine glänzende Tür.
Der magische Schlüssel passte!

→ LE S. 138/139

In der richtigen Reihenfolge schreiben

1 Ordne die Bilder. Schreibe wie im Beispiel.

R: S. 47 Nr. 1
Bild A: ...
Bild B: ...
Bild C: ...

1

2

3

2 Schreibe ein Märchen zu den Bildern.

Halte die Reihenfolge ein.

Achte darauf, dass du nichts vergisst.

3 Lest euch eure Geschichten gegenseitig vor.

Habt ihr die Reihenfolge eingehalten?

→ LE S. 140, 143

Fragen zu einem Text beantworten

○ **1** Lies den Text.

Carlo, der Erfinder

Wenn Carlo groß ist, will er Erfinder werden.
Dann wird er Dinge erfinden, die es noch nicht gibt.
Sonst wären es ja keine Erfindungen.
Er will Duschen für Regenwürmer bauen.
Carlo weiß, dass Regenwürmer Regen lieben.
Und wenn es im Sommer zu heiß ist,
müssen sie immer in der Erde bleiben.
Carlo stellt sich vor, dass das für die Regenwürmer
ganz schön langweilig ist.
Die kleinen Duschen will Carlo im Garten aufstellen.
Carlos Opa hat ihm nämlich erklärt,
dass Regenwürmer für den Garten sehr nützlich sind.

◒ **2** Lies die Fragen. Schreibe die Antworten in Sätzen auf.

R: S. 48 Nr. 2, 3
Carlo will … (Zeile …)

Was will Carlo werden, wenn er groß ist?

Was will Carlo bauen?

Wo will Carlo die kleinen Duschen aufstellen?

◒ **3** In welchen Zeilen hast du die Antworten gefunden? Notiere.

→ LE S. 140, 143, 150/151
→ WB S. 63

Unbekannte Wörter verstehen

Das kannst du machen, wenn du ein Wort nicht verstehst:
- Lies den Satz noch einmal und überlege, was das Wort bedeuten kann.
- Lies weiter. Manchmal wird das Wort später im Text erklärt.

1 Was ist ein Hollibolli?
Lies und schreibe in dein Heft.

R: S. 49 Nr. 1
Ein Hollibolli ist ...

Daria hat einen großen Hollibolli bekommen. Der Hollibolli ist grün und hat eine laute Klingel. Am liebsten fährt sie mit dem Hollibolli vor dem Haus. Wenn sie auf dem Hollibolli steht, ist sie schon ganz groß.

Darias Hollibolli ist ein ▒.

2 Was bedeuten die markierten Wörter?
Lies und schreibe in dein Heft.

R: S. 49 Nr. 2
Lichtsystem: ...

Als es vor ungefähr 100 Jahren immer mehr Autos gab, wurde es für die Fußgänger gefährlich, über die Straße zu gehen. Deshalb wollte ein Polizist ein Lichtsystem haben, das den Verkehr regelt. Er dachte an Lampen, die nach einem bestimmten Plan leuchteten. Der Polizist tüftelte lange herum. Er probierte so lange, bis er eine Idee hatte. Der Polizist wählte drei verschiedene Farben für die Signale. Diese Zeichen waren farbige Lampen, die schon so ähnlich aussahen wie unsere Ampeln heute.

Lichtsystem	tüfteln	Signale

Das kann ich schon

1 Was ist ein Nickelnackel?
Lies und schreibe in dein Heft.

R: S. 49 Nr. 1
Ein Nickelnackel ist …

Opa hat Leo einen Nickelnackel gekauft.
Der Nickelnackel ist blau und hat rote Streifen.
Leo will den Nickelnackel ausprobieren.
Deshalb wartet Leo nun auf Regen.
Seine Gummistiefel hat Leo schon angezogen.
Wenn Leo auf einen Knopf am Griff drückt,
springt der Nickelnackel auf und Leo wird nicht nass.

Leos Nickelnackel ist ein ___.

---

2 Lies und schreibe Schlüsselwörter auf.

Ali und Lotta sind im Märchenpark.

Ali sagt: „Ich möchte auch einmal einer Fee begegnen.“

„Warum?“, fragt Lotta erstaunt.
Ali erklärt: „Dann wird sie mir drei Wünsche erfüllen.“

Lotta fragt: „Und was würdest du dir wünschen?“
Ali zählt auf: „Ein großes Eis, ein neues Fahrrad und einen Hund.“

Lotta schüttelt verwundert den Kopf:
„Also, ich würde mir nur wünschen, dass ich zaubern kann.
Dann kann ich mir alles selbst herbeizaubern.“

Leseratten und PC-Mäuse

→ LE S. 154, 155

Wichtige Begriffe zu Büchern kennen

1 Schreibe den Text ab. Setze die Begriffe passend ein.

Illustrationen | Titel | Verlag | Autor oder Autorin

Der Mensch, der Bücher schreibt,

ist der ___ oder die ___.

Jedes Buch hat einen Einband.

Vorne steht der Name des Buches.

Das ist der ___.

Die Bilder werden auch ___ genannt.

Bücher werden in einem ___ hergestellt.

2 Schreibe die Angaben zu diesem Buch auf.

R: S. 51 Nr. 2
Titel: Ein ...

Titel

Autor

Verlag

3 Schreibe die Angaben zu einem anderen Buch auf.

R: S. 51 Nr. 3
Titel: ...

4 Findest du heraus, wer die Illustrationen gemalt hat? Schreibe es dazu.

→ LE S. 156–159
→ WB S. 64

Bücher in einer Bücherei finden

So kannst du Bücher in einer Bücherei finden:
- Es gibt verschiedene Abteilungen: Bilderbücher, Sachbücher, Geschichten, ...
- In jeder Abteilung sind die Bücher nach Themen geordnet: Ritter, Bäume, Tiere, Fußball, Pferde, ...

1 Welches Buch steht in welcher Abteilung? Ordne zu.

R: S. 52 Nr. 1
1: ...

1 

2 

3 

A Sachbücher
B Pferdegeschichten
C Bilderbücher

2 Zu welchem Thema gehören diese Bücher? Ordne zu. Schreibe in dein Heft.

R: S. 52 Nr. 2
Piraten und Ritter:
– ...
– ...
Fußball:

- Die Olchis werden Fußballmeister
- Der mutigste Ritter der Welt
- Zwei kunterbunte Freundinnen
- Piratengeschichten
- Ellas Welt
- Jakob, der Superkicker

- Piraten und Ritter
- Fußball
- Freche Mädchen

→ LE
S. 156–159

Fragen zu einem Text beantworten

○ **1** Lies den Text.

In der Bücherei

Amelie will sich in der Bücherei ein Buch und eine DVD ausleihen. Sara blättert in der neuen Kinderzeitschrift. Darin ist immer ein lustiger Comic. Tilo liest am liebsten spannende Rittergeschichten. Manchmal vergisst er dann alles um sich herum. Er mag auch Sachbücher über Tiere und Dinosaurier.

◒ **2** Lies die Fragen. Schreibe die Antworten auf.

R: S. 53 Nr. 2, 3
Amelie will ... (Zeile ...)

Was will sich Amelie ausleihen?

Wer blättert in der neuen Kinderzeitschrift?

Was liest Tilo am liebsten?

◒ **3** In welchen Zeilen hast du die Antworten gefunden? Notiere.

◒ **4** Was liest du gerne? Schreibe auf.

→ LE S. 160–163, 180/181
→ WB S. 65

Ein Buch vorstellen

Diese Fragen helfen dir, wenn du ein Buch vorstellen möchtest:
- Wie heißt dein Buch (Titel)?
- Wer hat es geschrieben (Autor/Autorin)?
- Wie heißt die Hauptperson?
- Was passiert in der Geschichte?
- Welches Bild aus dem Buch möchtest du zeigen?
- Welche Stelle möchtest du aus deinem Buch vorlesen?

○ **1** Mohammad möchte dieses Buch vorstellen.
Schreibe die Angaben zu dem Buch auf.

R: S. 54 Nr. 2
Titel: Mensch, ...

Titel

Autor

Verlag

● **2** Mohammad hat eine Textstelle herausgesucht.
Macht dich diese Textstelle neugierig? Begründe.

R: S. 54 Nr. 2
Die Textstelle
macht mich ...

„Nora? Was tust du da?“

„Nichts Oma! Bleib schön liegen!

Du bist doch heute faul!“ Stimmt ja.

Nach einer Weile taucht Nora wieder auf.

Sie hat die Hände voller Gerätschaften.

Gerade so, dass sie alles tragen kann.

Gerade so, dass ihr nicht alles aus der Hand fällt.

Anstrengend. Schwer. Sie stöhnt. Oma blickt besorgt.

→ LE
S. 160–163,
180/181

Eine eigene Buchvorstellung planen

◒ **1** Wähle ein Buch aus, das du vorstellen möchtest.
Male ein Bild zu dem Buch.

○ **2** Schreibe die Angaben zu diesem Buch auf.

Titel | Autor/Autorin | Verlag

R: S. 55 Nr. 2
Titel: ...
Autor/Autorin: ...
Verlag: ...

◒ **3** Wie heißt die Hauptperson? Was passiert?
Schreibe auf.

R: S. 55 Nr. 3
Die Hauptperson heißt: ...
In dem Buch ...

◒ **4** Suche einen Textausschnitt und ein Bild aus.

R: S. 55 Nr. 4
Text Seite: ...
Bild Seite: ...

○ **5** Lies den Textausschnitt mehrmals laut.

● **6** Was gefällt dir besonders gut? Schreibe.

R: S. 55 Nr. 6
Dieses Buch gefällt mir, weil ...

● **7** Stellt euch eure Bücher gegenseitig vor.
Zeigt euer Bild und lest vor.

→ LE S. 168
→ WB S. 66

Einen Text gestalten

In Texten kannst du manche Wörter unterschiedlich gestalten:
- Verwende eine andere Farbe.
- Schreibe das Wort **fett**.
- Verändere die Größe.
- Verwende eine andere *Schrift*.

○ **1** Lies den Text.

Sommerwiese

viele Blumen

rote, gelbe, blaue,

große und kleine Blüten

bunt

● **2** Welche Wörter willst du gestalten?
Schreibe sie auf.

R: S. 56 Nr. 2
Sommerwiese
...

◒ **3** Schreibe den Text ab.
Gestalte dabei die Wörter.

● **4** Suche dir ein eigenes Gedicht aus.
Gestalte es und schreibe es auf ein Schmuckblatt.

→ LE
S. 170/171

Mit dem Computer schreiben

Franz schreibt seinen Namen.
Er sucht die Buchstaben
auf der Tastatur.

○ **1** Wie schreibst du diese Namen?
Zeige nacheinander auf die Buchstaben.

Thea   Milo

● **2** Du kannst einen Text auch am Computer gestalten.
Kennst du die Symbole? Ordne zu. Schreibe in dein Heft.

1	*Schriftart* wählen	A	A ▾
2	Schriftgröße wählen	B	12 ▾
3	Schriftfarbe wählen	C	U
4	**fett** schreiben	D	Arial ▾
5	unterstreichen	E	F

→ LE S. 174/175

Ein Fernsehprogramm lesen

○ **1** Lies das Fernsehprogramm.

Kinderprogramm	
17:45–18:00	Timster *(ab 8 Jahren)*
18:00–18:35	Feuerwehrmann Sam *(ab 4 Jahren)*
18:35–18:50	Löwenzähnchen *(ab 3 Jahren)*
18:50–19:00	Unser Sandmännchen Gute-Nacht-Geschichte *(ab 3 Jahren)*

◒ **2** Richtig oder falsch? Lies nach und wähle aus.

	richtig	falsch
„Timster“ ist für Kinder ab 3 Jahren geeignet.	S	F
„Feuerwehrmann Sam“ beginnt um 17:30 Uhr.	O	I
„Unser Sandmännchen“ ist eine Guten-Morgen-Geschichte.	K	L
„Feuerwehrmann Sam“ kommt vor „Löwenzähnchen“.	M	Z

○ **3** Schreibe die Lösungsbuchstaben auf.

○ **4** Welche Sendung siehst du gerne? Schreibe auf.

● **5** Warum siehst du diese Sendung so gerne? Schreibe auf.

Das kann ich schon

1 Wo findest du diese Bücher in der Bücherei?
Ordne zu. Schreibe in dein Heft.

A	Geschichten	B	Bilderbücher	C	Sachbücher

1

2

3

2 Beantworte die Fragen. Schreibe in dein Heft.

Welcher Buchstabe ist rechts neben dem L?

Welches Satzzeichen ist links neben dem Punkt?

Neben welchem Buchstaben steht das A?

Herbsttöne und Frühlingsfarben

→ LE S. 184

Ein Elfchen schreiben

○ **1** Lies den Text.

Ein Elfchen ist ein Gedicht, das sich nicht reimt.
Alle Zeilen passen zu einem Thema.
Jede Zeile steht für sich.

Wind
Kastanien sammeln
in Laubhaufen springen
Äpfel vom Baum holen
Herbst

Leni (8 Jahre)

○ **2** Wie verteilen sich die Wörter in einem Elfchen?
Zähle und schreibe auf.

R: S. 60 Nr. 1
1. Zeile: ein Wort
2. Zeile: ...

1. Zeile:

2. Zeile:

3. Zeile:

4. Zeile:

5. Zeile:

◒ **3** Schreibe ein eigenes Elfchen zum Thema Herbst.

R: S. 60 Nr. 3

→ LE
S. 185–187

Genau lesen

1 Lies genau. Vergleiche mit dem Bild.

Sophie und Noam lassen ihre Drachen steigen.
Noam trägt eine blaue Pudelmütze.
Sophie hat einen grünen Schal um den Hals.
Sophies Drachen ist rot mit einem lachenden Gesicht.
Noams Drachen hat blaue Streifen.
Er hat einen Schwanz mit drei roten Schleifen.
Am Baum hängen vier rote Äpfel.

2 Finde die 3 Fehler im Text. Schreibe richtig auf.
Schreibe ganze Sätze.

R: S. 61 Nr. 2
Noam trägt ...

→ LE S. 186–189

Wichtige Begriffe zu Geschichten kennen

1 Was passt zusammen? Schreibe passend auf.

Ein Absatz …	… ist eine Reihe in einem Text.
Eine Zeile …	… hat den Text geschrieben.
Der Autor/ die Autorin …	… ist ein Textabschnitt aus mehreren Sätzen.

2 Lies und schreibe auf:
die 3. Zeile, den 2. Absatz, den Autor.

R: S. 62 Nr. 2
die 3. Zeile:
…
der 2. Absatz:
…

Die Überraschung

Es war Oktober.
Die Blätter waren von den Bäumen gefallen.
Sie lagen alle auf der Erde.
Frosch beschloss: „Ich gehe zur Kröte.
Ich werde alle Blätter von ihrem Rasen rechen.
Das wird eine Überraschung!“
Frosch holte seinen Rechen.

Zur gleichen Zeit schaute Kröte aus ihrem Fenster.
Sie rief: „So viele welke Blätter!“
Sie holte einen Rechen und sagte:
„Ich laufe hinüber zum Frosch
und reche das Laub
für ihn zusammen.
Das wird eine Überraschung!“

Arnold Lobel

→ LE S. 192–195

Reimwörter erkennen

1 Schreibe die Reimwörter in unterschiedlichen Farben auf.

R: S. 63 Nr. 1
Kartoffelkisten – Computerlisten
...

Wo man Geschenke verstecken kann

Im Keller hinter Kartoffelkisten,
im Schreibtisch hinter Computerlisten,
in alten verstaubten Bauerntruhen,
in ausgelatschten Wanderschuhen,
auf Wohnzimmerschränken, in Blumenvasen,
ja, selbst in Bäuchen von flauschigen Hasen,
in Einzelsocken, ohne Loch,
und eine Möglichkeit wäre noch,
das Geschenk unter die Matratze zu legen.
Das ist nicht so gut der Bequemlichkeit wegen.
Der Toilettenspülkasten eignet sich ___,
denn welches Geschenk ist schon ___,
Ob sperrig, ob handlich, ob groß oder ___:
Geschenke verstecken muss einfach ___,
Das einzig Schwierige daran ___,
dass man das Versteck so leicht ___.

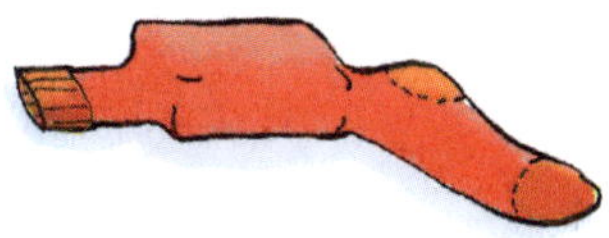

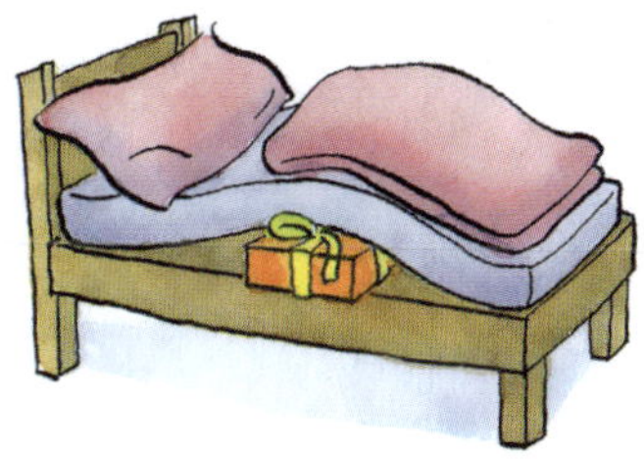

Regina Schwarz

| ist | vergisst | nicht | wasserdicht | klein | sein |

2 Schreibe die Sätze mit Lücken ab. Setze die passenden Reimwörter ein.

R: S. 63 Nr. 2
Der Toilettenspülkasten eignet sich nicht,
...

3 Wo versteckst du deine Geschenke? Male und schreibe.

R: S. 63 Nr. 3
Ich verstecke ...

→ LE
S. 193–195

Eine Anleitung ordnen

1 Die Bilder zur Bastelanleitung sind durcheinandergeraten.
Schreibe die richtige Reihenfolge auf.

R: S. 64 Nr. 1
N ...

Mit Zauberkreide eine Neujahrskarte gestalten

Fülle einen Liter Wasser
in eine Schüssel.

Gib drei Esslöffel Zucker
in das Wasser.
Rühre, bis sich der Zucker
aufgelöst hat.

Lege bunte Kreide
in das Zuckerwasser.
Lass alles über Nacht stehen.

Nimm die Kreide vorsichtig
aus dem Wasser.

Male mit der noch
feuchten Kreide
auf dunkles Tonpapier.

J

NE

AH

R

U

2 Gestalte eine Neujahrskarte
mit Zauberkreide.

→ LE
S. 200/201

Eine Geschichte weitererzählen

1 Lies den Anfang der Geschichte.

Hanno Hase hat ein Problem

Bald ist Ostern.
Hanno Hase ist fleißig.
Er sitzt in der Ostereier-Werkstatt und bemalt Eier.
Sie leuchten in vielen bunten Farben.
Hanno Hase geht in den Vorratsraum,
um neue Eier zu holen.

Doch was ist das?
Der Vorratsraum ist leer!
Hanno Hase ist verzweifelt.
„Wie soll ich denn fertig werden,
wenn ich keine Eier mehr habe?“,
denkt er traurig.

2 Wie geht die Geschichte weiter?
Überlegt gemeinsam und erzählt.

3 Schreibe den Schluss der Geschichte auf.

R: S. 65 Nr. 3
Hanno Hase rennt ...

4 Lest euch eure Geschichten vor.

→ LE
S. 200/201

Genau lesen

1 Lies genau. Vergleiche mit dem Bild.

R: S. 66 Nr. 1
Er hat ...

Der Osterhase ist braun.
Er hat einen gelben Korb auf dem Rücken.
Im Korb sind zwei rote Eier.
Die Sonne scheint.
Am Himmel fliegen drei blaue Vögel.
Im grünen Gras wachsen vier gelbe Blumen.

2 Finde die 3 Fehler im Text. Schreibe richtig auf.
Schreibe ganze Sätze.

3 Richtig oder falsch?
Lies und schreibe auf.

R: S. 66 Nr. 3
O ...

	richtig	falsch
Links ist das orange Ei.	O	T
Das gelbe Ei ist in der Mitte.	A	S
Das mittlere Ei ist rosa.	T	E
Das Ei mit den roten Punkten ist nicht in der Mitte.	E	N
Ein Ei hat orange Streifen.	O	R
Das linke Ei hat blaue Sterne.	N	T

→ LE S. 204/205

Fragen zu einem Text beantworten

○ **1** Lies den Text.

Marienkäfer

Marienkäfer sind 4 bis 8 Millimeter groß. Sie haben rote, gelbe oder schwarze Flügel mit Punkten. Diese gepunkteten, harten Flügel nennt man Deckflügel. Darunter sind weiche, fast durchsichtige Flügel. Marienkäfer fressen Blattläuse. Die Feinde der Marienkäfer sind Vögel, Eidechsen, Spinnen und Spitzmäuse. Wenn sich Marienkäfer bedroht fühlen, verspritzen sie eine stinkende, gelbe Flüssigkeit.

◒ **2** Lies die Fragen.
Schreibe die Antworten in Sätzen auf.

R: S. 67 Nr. 2, 3
Marienkäfer sind ... (Zeile ...)

Wie groß sind Marienkäfer?

Welche Farbe haben die Flügel?

Was fressen Marienkäfer?

Welche Tiere sind die Feinde der Marienkäfer?

◒ **3** In welchen Zeilen hast du die Antworten gefunden? Notiere.

→ LE S. 206, 207

Ein Rätsel lösen

○ **1** Lies. Mache nach jedem Wort eine Pause.

◒ **2** Welche Wörter aus der Wörterschlange passen?
Schreibe die Sätze ab und ergänze.

R: S. 68 Nr. 2
Der ...

Der ___ fliegt über die Wiese.

Wenn es warm ist, essen wir gern saftige ___.

Auf dem ___ liegen drei Würstchen.

Die ___ scheint den ganzen Tag.

Elias kann seine rote ___ nicht finden.

Franz baut am Strand eine ___.

◒ **3** Was machst du gerne im Sommer?
Male und schreibe.

R: S. 68 Nr. 3
Im Sommer ...

●	die Klasse
●	die Lehrerin
●	die Schule
●	der Schultag
●	die Pause
●	der Schulweg
	schreiben
	malen
	lesen

	rufen
	sitzen
	antworten
	erzählen
	flüstern
	zuhören
	lernen
	rechnen
	singen

●	das Gefühl
●	das Geheimnis
●	das Gesicht
●	der Kuchen
●	das Gemüse
●	das Obst
●	der Salat
●	das Frühstück
	lächeln
	spielen

	backen
	zählen
	teilen
	gerne
	fröhlich
	wütend
	traurig
	glücklich
	groß
	klein

Meine Wörter

●	die Eltern
●	der Vater
●	die Mutter
●	die Schwester
●	der Bruder
●	der Onkel
●	die Tante
●	die Oma
●	der Opa

●	die Freundin
●	der Besuch
●	der Brief
●	der Geburtstag
	aufräumen
	klettern
	treffen
	einladen
	feiern

●	der Baum
●	das Obst
●	die Wiese
●	die Biene
●	die Hummel
●	die Blüte
●	das Fell
●	das Blatt
●	der Maulwurf
●	der Frosch

●	die Nahrung
●	der Feind
●	der Honig
	wachsen
	kriechen
	schleichen
	quaken
	ernähren
	alt
	hoch

●	der Traum
●	das Märchen
●	der Wald
●	das Mädchen
●	die Prinzessin
●	die Königin
●	der Zauberer
●	der Bär
●	die Flöte
	träumen

	erwachen
	weinen
	erfinden
	fahren
	gehen
	süß
	arm
	hungrig
	müde
	glücklich

●	das Buch
●	die Bücherei
●	der Titel
●	der Autor
●	die Autorin
●	der Verlag
●	das Thema
●	die Geschichte
●	die Hauptperson

●	das Bild
●	der Text
●	die Zeitschrift
●	der Computer
●	das Programm
●	die Schrift
	gestalten
	vorstellen
	neugierig

●	die Jahreszeit
●	der Herbst
●	das Blatt
●	die Kastanie
●	das Laub
●	der Apfel
●	der Drachen
●	der Igel
●	der Regen

●	der Winter
●	das Weihnachten
●	das Geschenk
●	das Silvester
●	das Neujahr
●	das Feuerwerk
●	die Karte
	verstecken
	vergessen

●	der Frühling
●	das Ostern
●	das Osterei
●	der Osterhase
●	das Gras
●	das Osternest
●	der Streifen
●	der Punkt
●	der Stern
●	die Blume
●	die Farbe
	bemalen

●	der Sommer
●	der Marienkäfer
●	der Flügel
●	der Feind
●	der Grill
●	die Sonne
●	die Badehose
●	das Eis
	fliegen
	fressen
	bauen
	schwimmen